EN VISS HÅRDHET I SYNTAXEN

EDICIONES encuentros imaginarios - SIESTA FÖRLAG

ZONA ARKTIS

1. 29 JAICUS Y OTROS POEMAS de Tomas Tranströmer, 2003

2. ELVIS, ARENA PARA EL GATO Y OTRAS COSAS IMPORTANTES, 2003

3. LA CASA ES BLANCA de Jan Erik Vold 2008

4. YO HE VISTO ESTRELLAS QUE DEJARON DE APAGARSE de Nils Yttri, 2009

5. ESPERANTO DEL CUERPO de Birgitta Boucht, 2009

6. EL PAÍS QUE NO ES de Edith Södergran, 2009

7. LUEGO DE NOSOTROS, SIGNOS de Tor Ulven, 2008.

8. RUIDO de Tone Hødnebo, 2010

9. LLUVIA EN/ REGN I HIROSHIMA de Tarjei Vesaas, 2010

10. IDEALES EN OFERTA de Henry Parland, 2010

11. ABIERTO TODA LA NOCHE de Rolf Jakobsen, 2010

12. DE HABITACIÓN EN HABITACIÓN Sad & Crazy de Jan Erik Vold, 2011

13. LA REALIDAD MISMA de Gunvor Hofmo, 2011

14. MARIPOSA de Birgitta Boucht, 2011

15. POEMAS SELECTOS de Gungerd Wikholm, 2011

16. ESPEJOS QUE HUYEN (bilingüe) de Rabbe Enckell, 2012

17. MINIMUM de Anne Bøe, 2012

18. DIJO EL HACEDOR DE SUEÑOS (bilingüe) de Jan Erik Vold, 2014

ZONA SIESTA

1. MALMÖ ÄR EN DRÖM av Tomas Ekström, 2011

2. BERING OCH ANDRA DIKTER av Luis Benítez, 2012

3. DE TRE SENASTE ÅREN av Jorge Fondebrider, 2015

4. EN VISS HÅRDHET I SYNTAXEN av Jorge Aulicino, 2015

EN VISS HÅRDHET I SYNTAXEN

Jorge Aulicino

översättning: Martin Uggla

¡encuentros
imaginarios

SIESTA

Konst och omslag: Alejandro Marré
Formgivning: Carlos Rosales

Originalets titel: CIERTA DUREZA EN LA SINTAXIS
© Jorge Aulicino 2015
ISBN: 978-91-979735-3-3

EDICIONES encuentros imaginarios – SIESTA FÖRLAG
Föreningen ENCUENTRO - poesimöte
Bergsgatan 13 A
211 54 Malmö
Sverige
Tel. 46-735745463

Utgiven med stöd från/Obra editada con el apoyo del Programa "Sur" de Apoyo a las Traducciones del Ministerio de Relaciones Exteriores, Comercio Internacional y Culto de la República Argentina

En viss hårdhet i syntaxen

1

En viss hårdhet i syntaxen gav en antydan om de där likens
orubblighet; sprickorna i stövlarnas skokräm
och det där talesättet som är lösryckt från verbet; hjälpverb,
verbtempus som elegant upphävs, utesluts
ur den dresserade rytten genom en gammal praxis.
Vad pratar du om, vad pratar du om? Men det var ju i går...
Det var i går... Du stod framför sjön som den där floden bildar:
vad fjärran, vad dimmig och morgontidig den var, den där kusten.
Du hade allt, du hade inte släpat dig fram i askan
från strider som var förlorade på förhand,
du vadade inte i de här likens urin...
Jag förstår, det var inte Donau, det var Paraná
som tröttar ut för att den kommer från den cerebrala himlen, men ändå...
Motiverar det den muntra overksamheten, den luftiga tanken?
Biet: den minsta fågeln, föds ur oxkött.
Spindeln: en mask som livnär sig på luft. Camposhärmtrasten: den som
besjunger sjukdom och kan bota den. Rapphönan: spefågel.

2

Den är bra den här staden. Du skulle kunna älska den. När
rättstavningens ticktack, böjningens oupphörliga arbete,
låter dig andas, ser du den. Dina grannar vet det:
du går ut på balkongen i underkläder och ser den industriella konturen
av trottoaren mittemot, med en bård av torra askar,
det oljiga dammet som klistrat till strategins flanker.

Mögliga mönster i putsen över denna tresidiga värld.
Den besegrade Euklides.
Medelhavets vita,
till slut, med historien som du känner så väl; det vill säga,
de numera gamla 60-talshusen, drar alla åt det bruna hållet,
åt den slitna färgen på själva orden, mening efter mening
i de mekaniska verkstäderna,
i den rivna arkitekturen,
i de tomma hallar som vetter åt fragmenten:
spöklika ljud. Vi vet vart de döda tar vägen,
men vart tar rösterna vägen?

Den här staden slutar aldrig att väsnas,
det är ljudet
som maler ned stenläggningen.

3

Häromnatten sade du mig att de stora kosmogonierna
saknar en skapande gud. Världen har nästan alltid
fötts ur själva förstörelsen av de första titanerna.
Och detta är för att urberget är en jättes ben
eller för att människorna föll som droppar ur dess uppskurna ådror
eller för att havet och floderna är det som återstår efter dess upplösning.
Under denna förvandling av de storslagna liken
härskar nästan alltid ett gäng som man bör ansluta sig till.
De hör inte bönen. Man måste tala klarspråk med dem.
Framför allt hjälper de oss eller gör oss olyckliga beroende på
den spontana sympati som vi väcker i deras underliga huvuden.
Och eftermiddagen är ett balsamerat lejon. Och trafikljusen,
ben från väldiga blötlagda upplösta skaldjur.
Och Oden gör oss sällskap inom dessa rostiga läger.
Och Zeus, den trögaste och visaste, tittar snett på oss.

4

Vesslan representerar dem som trängtade efter
Guds ord, men som inte gör något med det
när de väl har mottagit det. Och den föder upp sin kull i öronen.
Vesslan representerar dem som ville ha nåd
och som tillskänktes nåd, till ingen nytta.
Låt dig inte förskräckas om du stöter på en vessla
i trappan eller i sätet på en taxi.
Den smugglar sina tankar längsmed upptrampade stigar
eftersom det, då den är förvissad om nåden och ordet,
inte faller den in att göra annat än att irra runt
där det fanns städer som arméer
har krossat under sina kängor och fyllt med kondomer.
Snarare fortsätter den med att bygga upp förtjänstfullheten
för att det vita eller himmelska ljuset ska nedfalla över dig,
när du i själva verket är upptagen med att flå,
rensa, vika, vanna, bevaka eller skaka.
Även om du går barfota längsmed dina egna tankars
sträva kajer måste du vara bra försjunken
för att inte till ingen nytta vara mottaglig för konungarikets vänskap,
för att inte vandra runt med vesslan

5

Förvisso är trädet fritt bland de medeltida fåglarna.
Och ännu i dag är det fritt bland överflödets bladverk.
Och det är fritt bland stenarna som stiger och sjunker i dess närhet.
Och fritt mellan bårderna på de stigande och sjunkande byggnaderna.
Och du kan se det i frihet på sjukhusens
och fattighusens innergårdar och bakom slavbaracker och mellan taken.
Till trädet beger sig katten. Listig. Lätt. Och näbbmusen tar sig till trädet.
Och myran. Och stormen och ljuset gömmer sig.
I trädet finns det fällor och katter och undangömda flaskor.
Trädet är vän med avfasningar och dunkel.
Det är friare än en korsriddare.

Trädet
behåller formen
utan åthävor, utan styvhet.
Varje cypress är en cypress.
Och de tusentals askarna är inte asken.
Om det fanns gudar skulle de älska trädet.
Eller så skulle de slåss om trädet
men de skulle aldrig regera över trädet och aldrig erkänna det.

6

Du gav inget dopkapell till den inre friden och under en
svårligen förutsebar tid kommer du att få betala av det med femmor.

Hela tiden medan du gick till mässan i tyghuset
pågick börshandeln och allting följde sitt
vederbörliga förlopp, skarvarna
smörjdes, verserna kröntes med framgång;
havens avrinningsområden fylldes med
dräneringsvatten; garaget skakade,
arvoden betalades; födelsen
krematoriet, hade sin tid.
Varför så bråttom? Använder betalningstidpunkten förnuftigt.
Lägger en paddmage över blåmärket.
Sätt dig på din plats, rätta till dina glasögon, säg att
statykonsten är simpel och sjunger andras sanning.
Du kommer att ge dig till känna genom det blodröda i din dialekt.
För du har använt grönt och rosa, lind och cortadera-plantan
till att rabbla upp den svada som du lärt in under tystnad.
Du är den som svag och släpig på din sköld bär hercinian,
en fågel vars fjädrar ger ljuseffekter i skuggan.
Från dina anfäder stammar denna dess förmåga
som har samlat lyster runt dypölar,
den plats från vilken de hämtade bekräftelsen.
Sätt igång och använd dig av din organiserade okunskap.

7

Avslöja dig inte, sluta inte upp med att göra det du sade.
Där är vägen som leder till de yrken
som du lärde dig för längesedan; du hukade och de hoppade över dig;
de hukade och du hoppade över dem.
Du smög på alla fyra under de spruckna månskensnätterna.
Du varade och blödde från ett pyttelitet, smärtfritt sår.
Du nämnde kondoren i samband med din makabra associationslek.
Men om det var det. Lanzarote, han som lärde sig att döda erinnyer.
Där låg bergskedjan och dit gav du dig av genom vind och berg

och när du var vilse lyckades du inte lära dig något.
Men vilken vacker avståndsvy, även om det med jämna mellanrum
passerar en eller annan bil, en oljetankbil.

8

Det borde vara möjligt att gå där borta.
Men du skulle komma att stöta på en förorts byggnader
och inte vägen som leder till träden och den där otrevliga farmen
under den stormiga skogsdungen.
Tråkiga, gula, gråa, regniga.
Du kommer inte att hitta sommareftermiddagen
och trastarna, som inkräktar i det där boet.
Staden blev illa sliten. Den är sliten.
En regnig dag vid middagstid verkar byggnaderna,
persiennerna vilkas färg har åldrats,
ha förlikat sig med sin häpnad.
Att se dig framför ett hav som inte är orört utan tillintetgjort.
Övergivna, som trastar i andras bon.

9

Lasta fartyget, be de nio bönerna, hänge dig åt sjögången.
Du såg dem, vägarna är dammiga spår,
vad tjänar det till att förneka; seglar på ett hav som stinker av olja.
Du ser att det är fjärran som alltid och oljigt:
det leder till National Geographic, till de band
du bläddrade igenom med en skeppsgosses ansträngning.
I en reumatism som gör rörelserna skeva,
seglar och galopperar, ömsom tunikan, ömsom stöveln,
mot konstgjorda världar, över vilka det sträcker ut sig byggnader på
300 till 400 knop som ger ifrån sig ljus
och även lansar över okända vikar.
Hong Kong eller vad som helst; Sumatra.
Se hur pälshandeln får folk att hopas.
Hamnarna proppfulla med röda containrar.
Hyperproduktionen av saker och chips
apparaternas tystnad, programmen som har somnat.

Tvättmaskin i Sydostasien. Förpackningar
bland vilka ödlor krälar; lätta
piskslag från de insisterande havsgudarna.

10

Det räckte för dig med en stad som färgats in
av stormens blinkning, minnet av den sorg,
som erfors av den tistelblomma som föll i den varma vinden
som en vit, bekymmerslös liten sol.
Det har gått eoner sedan dess. Nu försöker du nå en överenskommelse.
Genom tankens ogenomskinliga glas ser du
hur trådar av sanningens paradis svävar.

I det vaga ljusskenet på lagret till en verkstad
sköter du bokföringen utsträckt på en trasig tältsäng,
du använder kyliga siffror, det enda du känner
är den polerade natten som andas på parkeringsstranden;
och likväl frågar du dig hur det ska sägas:
hur det som har fångats på tavlan,
eller som har skapats genom tavlan, ska sägas med flera händers
syntax; om det inte är en, på en gång enkel och komplicerad,
angelägenhet för staten: allt det som är där är någon annanstans:
fåtöljernas tyg, tapeterna, den samtidiga frånvaron
och uppmärksamheten hos den person som har lagt sig tillrätta.
Prakt och skymning i denna bild av slutet
av det nittonde som av okända skäl
intar din tankevärld framåt småtimmarna.
Ryggen av ett havsdjur tecknar en flytande båge
i den avlägsna bakgrunden i en annan tavla; det finns skrynkliga papper
på golvet i den andra; det hörs ljud i korridoren i ytterligare en annan.
Målningen har fångat eller främjar en oändlig massa saker
som saknar skäl att finnas till. Vilken trivialitet hos konsten.
Som om den sade: rester som lämnar dig oberörd, eller godtyckliga
omständigheter. De säger inget, inget, stegen under natten.

Det räckte för dig med en stad som färgats in av stormens blinkning.
Nu försöker du nå en överenskommelse. Men det finns inget att behålla.
Du kommer att överlämna en själ som inte är någon till glädje.

11

Under striden vill den tystlåtne centurionen
övertyga slagfälten om att han slåss
för att utvidga räckvidden för sitt förstånd.
Han bländas av en blixt och tänker
att det verkligen är småmynt han slåss för.
Och att vetet i hans hemland tillhör honom mer
än segrarna i utmarker.

Han kan försörja sin bondgård
genom att ge Ceasar
ett universum av upprepningar: barbarer och skogar.

12

Ezra är en lysande målare, sade farbrodern, det är bara
att när penseln väl är utan färg så
återvänder han inte till paletten, han målar bilden torrt,
penseldrag för penseldrag, torrt som hans drömmars
flod, som det Kastilien på Saturnus
som inte var hans förfäders planet.
Det är alltså inte en tom målning
utan en torr en, över vilken han målar allt det som träder fram
på det fält som utgör en chimär i hans minne, emellanåt
med torra penseldrag, emellanåt med den livliga färgen
hos det som varit levande, haft stadga och lag.

... och odlingssystemet
liknade de skrivna lagar av vilka människan lät
sig styras: högg av klockgavlarna, bländade den som inte kunde se,
slängde det tomma ordets gödsel i diket.

13

När persiennerna är nere är du inte där.
När persiennerna är uppe är du där.
Nej, lita inte på det. Ibland lämnar jag persiennerna
uppe i förhoppning om att en storm
ska lämna en pöl i tillvaron. Ibland drar jag ner
persiennerna för att jag känner för det.
Jag gör det varken för att driva med dig eller med din enkla
logik. Det är på grund av de olösta frågorna i mitt huvud.
För ibland tänker jag att det ljus som fönstren drar till sig
på natten eller om dagen borde bli koncentrerat, allt
tätare, tills det bildar ett gravitationsfält dit jag inte kan
komma in utan att förlora motståndskraft, samtidighet.

14

Landstrykaren jagades och filosofin förföll.
Vilket (engelskt) horn hördes bland kornbodarna.
Bönderna åkte ut i kalesch rustade med jaktgevär.
Mörka stenar och storkhimlar gjorde västern
dunkel, men i himlen intresserade
avgrunderna i avlägsen epik inte livdrabanterna
med kreolursprung som jagade banditen med trubbig egg, tegelpannetjuv
och ulltvättsstråtrövare.
Mitt tomma ord ställde Platon till svars i galleriet.
Det han älskade var det ensamma morellträdets väg,
en lång stig, ett stenområde och vipans flykt. Likväl pratade jag på
och sade henne: cypresserna är bara
långlemmade vägvisare i Guds bok, som vi,
som du mycket väl vet, inte har läst för egen räkning:
det är knappt ögonen, dina och många andras,
har låtit oss se steriliteten hos dess sidor
och, på det ena eller andra sättet, besjunger vi alltid i slutändan
just cypresserna som exakta noter.
Förstår du? De har förstört allting!
De har gjort oss platonska!
Och hon log, helt och hållet inom ramen för sin roll,
inför detta scenario med en skock och ett hjältedåd som degraderats.

15

O, du som ber! Vad är det för böner? Steglitsan övergav sin tron
i trädet med brutna grenar. Bakgrund med skyddsmurar
och industritakfönster där, som du ser, även förkortningar
av yttertak och gamla växter dröjer kvar.

Allt det som fanns innan du föddes var
hemlighetsfullt: dessutom dessa växter, kumquats, mispelfrukter,
vaxkakan som de upplysta alexandrinernas versmått mäter.

Du kommer att minnas mormodern om klippors
tystnad invaderar detta ursinne som ingenstans leder. Dåliga
nätter, många cigaretter, meningslösa diskussioner
om trivialitet och om fosterlandet.

Om fosterlandet också, för helvete, Borges. Bron,
lukten av andra trappavsatser, korridorer; dagarnas
dunkla envishet, bourbonarnas,
premiärministrarnas, hovets tystlåtna krogbeslut.

Klorets och de hopkrupna katternas dagar. Galenskapen i att fortsätta.
För de är där, de flyktiga, senarelagda dagarna: bevara
det förgångnas byggnad, det som bör göras;
korvarnas nivå, kaffe med konjak, gesten.

16

Om det vore möjligt skulle det vara det sista som jag gjorde:
stanna upp på drömmarnas torkplats,

beundra det som världen lämnade kvar vid bryggan,
det som den gav oss, det verkliga.

Om det vore möjligt skulle det vara det sista.
Berövad din blick, till och med.

I färd med att betrakta det som världen
skulle ha lämnat efter sig där.

Men det sista vi kommer att göra, inte ens det
ligger i våra händer
eller kanske ens i världens hjärta,
beslutet om inget, inte ens kärnan.

17

Kyrkogården Chacarita de los Colegiales.
Mellan gravarna står det grupper av människor.
De gräver upp. På avstånd ser de ut som musselletare
på stranden till ett skummande hav.
En av dem håller upp en plastpåse och en annan fyller den med ben.
Och det är som vid slutet av en drabbning.
När de levande drar fram bland de döda.
Känner igen och gör processen kort.

18

Även när utplåningskriget pågick
var Bertolt i säkerhet.
Om beräkningen stämmer kommer partidiktaturen
att göra slut på tidpunktens maskstungna frukt.
Därför stannade han inte upp för att titta på björkarna.
Han stod i likgiltig förening med träden.
Städerna hade gett honom meningen.
Han kände sig hemma bland pistoler och ottomaner,
civilisation och avantgarde,
parker och överrockar, spikar och kortvariga snöfall.
I kofferten hade han med sig pipor och masker.
Han visste vad det handlade om.

19

Etymologin svarar mot betraktelsen.
För det måste finnas ett spår som förenar anden med tinget.
Jag har hittat mästarens anteckningsbok med observationer.
Han noterade i enlighet med de namn som infödingarna gav.

På så vis upptäckte han i byteshandeln
ett sätt att på samma gång erkänna deras hemliga avtal
och hos dem ingjuta respekt för europeisk zoologi.
Och dess biprodukter: botaniken, ljudhärmandet,
anaforen, VM-turneringens lag.

20

Den proletära kärnan av vävare
och småborgare, underlägsna raser
inom industrin och handeln, pacifister,
fruntimmer i, till exempel, Kaiserns ögon
tog också till vapen
och lärde sig hantera dem som män.
Så när Stalin befallde att Zinoviev skulle skjutas
med ett skott i nacken hanterade hans officerare och underofficerare
kolvarna med återhållsamhet.
Hans arméer och skyttar hade på fötterna när de stod upp
mot de tyska trupperna och adelsryttarna.
Som en ätt mot en annan.

21

Det är likgiltigt med vilken lantlig glädje
de röda sköt med "stalinorgeln".
Frågan om huruvida en enkel arbetare
skulle ha utformat de kommande krigens främsta gevär
är också en obetydlighet.
När de stod vid krigsövningsbordet
eller hanterade ammunition och försörjning
på slagfältet
var partiets generaler effektiva och berömda.

22

Om jag måste dö, låt mig då få bära din farfars skor.
Det var länge sedan jag såg en bättre plan. Fina och dystra.
Du har dem under glasbordet i vardagsrummet
tillsammans med andra rester såsom askar, kinesiska penslar.
Dessutom har du din artilleristkniv.
Men det här har inte slutat.
För jag skulle gärna vilja torka bort imman från glaset
med ärmen, se ut över gatan innan jag går ut,
med en gest lånad från en Dickens-gestalt
som rör sig i en mäktig stad.
"Jag är själv under isen just nu,
men jag kan bjuda dig på en måltid".

23

Slavarna flydde över stäpperna, genomborrade
av kanske och av livet, även i form av rester.
De kände panik inför tyskarnas stridsvagnar
och inför lukten av blod.
För en sekund lade de tvivlet på
den slutliga segern i vågskålen
och som intagna på sjukhus, stöttade, när de hörde
kamraternas klagan
och den politiske kommissariens röst, en visshet.
Eller döda, som as likgiltiga inför segern.
På så vis drog de sig tillbaka, men de övergav inte sina städer.
Byn ja, eklogen, Jesenin, elden och skocken.
Hans ursprung och hans mödrar. Inte Kreml.
Inte Stalingrads ruttnande kloaker.
De kämpade emot som råttor, med röven vänd mot sina generaler
och skottet från de egna som följde desertörerna.
De ryckte fram med vintern bland lik och spårljusammunition.
Och de muttrade att flykten är något vagt.
Den som flyr på riktigt lämnar sin kropp
till korparna och till partiets dom.

24

Under nätterna var det ingen som spanade på dig.
Du genomlevde de tvungnas yttersta återhållsamhet.
Var och en av dem som sov i dess avdelningar
såg skuggor eller eld i drömmen eller vaknade
och betraktade sina händer, den egna kroppen, såsom du,
upplysta av den svaga glödlampan, den gula svetten.

25

Det som fördömer din omgivning är den unga döden.
Med list har du frågat om det är till döden eller till den som dör.
Är det hedervärt att bli gammal och trött på mat?
Det är alltså inte hedervärt att röka och bli sjuk i spanska sjukan?
Jag är sextio år gammal och kommer att fortsätta att göra grimaser.
För orden är bedrägliga
när skymningen reser sig.

26

Ja, det är på sin plats att sätta sig med kavajen på.
Först i det rymliga vardagsrummet där man fortfarande pratar
en aning förläget om dagens nyhet
(på det litterära området alltså, det är vad det handlar om,
nyheten om en änkas oförskämdhet).
Sedan diskuterar man grundligt i den gamla matsalen
imperiets tillstånd; om det går utför
eller om styrkan ännu står det bi.
Till kaffet, åter i vardagsrummet,
kommenterar man nyinförskaffade diktsamlingar och omnämnanden.
Vi behåller kavajen på och sitter med benen i kors.
Vinets kvalitet omnämns i förbifarten
och värden tackar, som sig bör, behärskat.
Tre av matgästerna hade ett gott bordsskick.
Den fjärde, ett hyggligt,
förutom när han förvirrades av tanken att han var
ensam om att ha kontakter med CIA och att han kanske var
den ende som hade grundlig kunskap om slaget om Stalingrad.
Den femte, en rik en, satte kniven i bytet
med en iver som vittnade om slum och läger.
Om du har krafter bakom dem som belägrar,
gör motstånd, för du kommer att segra. Du kan inte,
sade Saladin, inleda en belägring med styrkor bakom din rygg.
Reträtten slöt sig runt von Paulus.
Produkter av denna civilisation är vinodlingen,
det där harmelinkappan och sättet att minnas dig

Gnyendet från ett koppel hundar borde säga er mer svekfullheter
om natten än de synliga systemens koncentriska cirklar.
För den stjärnbeströdda himlen var inte ett tecken, utan ren och skär
[fullkomning.

I gengäld utgjordes det avlägsna, genomträngande skällandet
av en oberörbar blandad metall som dragits av i helvetet.
Samma föreställningar utrustade sig nomaderna med
och schakalbelägringen av deras hjälmbuskar
inskränkte variablerna till denna monotematiska fråga:
intelligensen kommer inte att fästa sig vid betydelserna
utan vid de yppiga växternas klättring mot de yttersta skären.

Med andra ord, planeten är enkel,
platt; den utspända huden från ett lik eller ett skinn
på vars avigsida man ritat ut en karta över Chimären.

De ser det tydligt när de spanar från en helgdags högresta öar.
Med felaren kom de onda drömmarna
och det säkra kansket bakom första bästa dörr.
Det fanns tecken i blickarna från förråden
och i det sätt på vilket resterna föll ned i havet från fockmasterna.
Intellektets avfall.
Till och med, de kyliga invasionerna, vintern på hästkapplöpningsbanorna.

Han satte ned foten mellan en pudel och en kvinna
för att komma ned på gatan från ett trappsteg
när det av en mopp från snabba galaxer vanställda ansiktet hos den där
ynglingen
dök upp inför hans ögon.

Man brukar tala om enkla målningar med en komplex grammatik.
Apropå denne Bacon som ställde sig mellan den triviala hunden
och bilden av den tomma trottoaren mittemot
går det inte att tillägga något.

Det fanns ingen förtvivlan i ögonen
och käken rörde sig mot Östern
medan den där varelsen som tillkommit med brådska inför den likgiltiga
[smärtan
spejade ut över de andras värld

– besegrad av ett brinnande Kartagos sociala frågor,
förkrossad under den klassiska skulptur där
Prometeus ses utlämnad till gamarna, rörd
av de fattigas ursinne, var målaren frånvarande.
Bara Bacon hade kunnat säga: Hon finns i ordningen
hos de planeter som överger er.

29

Ett ljud förvandlar staden till ett plockepinn.
Därigenom blir den tålig mot öknens attacker.

Den böjer sig i dynerna inför en provisorisk grop
vem vet att vinden är dess pappa mamma
och äkta bror.

När staden flyr som ett fartyg
gör de gamla provisoriska likens
klippor i sin tur motstånd.

Men en gång till ser hon på nomaden som är omgiven
av en falk och en hippogriff, parcer och klasar.

Det här är den som kommer att tala nu och fråga om skälen
till att de oavbrutet bygger och river
trojor, babyloner, teber, stall och marknader
– vålnaden av dig själv kommer att sätta sig till bords med dig igen; kommer
att insistera på
att du inte ska skriva.

30

Jag är Partiets skrivare och den som skriver dokumenten utan
hemligstämpel.
Lyssna, ni som inte har kunnat tala.
Med hjälp av blodet från mongoler, ukrainare och dödsföraktande slaver
restes kolonnerna av luft kring er triumf.
Från hordens läger kom stålet som möjliggör
segern för hamburgare, relativism och fritid.
D-dagen föregicks av Z-dagarna vid östfronten.
Där knådades i blod och snöiga träsk degen till denna tomma dag.
Med ett leve Stalin på läpparna gav de döda sig av.
Ni har sett filmer om blod och rädsla
men ni visste inte mycket om östfronten.
Slakten vid kanalen föregicks av
miljoner av döda vid östfronten.

Ära, kamrater i dyngan,
åt de döda vid östfronten.
För varje munsbit, varenda skratt och allt motorvägsbuller
har ni kamraterna vid östfronten att tacka.

31

Jag talar om erövrarens och de förlorade somrarnas tid.
Ni kanske inte tycker att det här är mycket till ode, för jag behöver en
[klarsignal
från ett flödande språk.

De tuggade läder och råttor för att grunda lager och garverier.
De förökade sig för att föra med sig andraklassens revolutioner.
Och likväl, arméer.

Inget Eldorado. Bara vågorna och de dödas dregel.
Inget hjärtslag av silver eller ens guld. Bara ogenomskinliga mynt.
Ja, det är det omöjligt att tro på. Månader av oljigt navigerande,
inte genom en dröm, för de där kranierna drömde inte.
De sökte sakernas rentvättade klarhet.
De tillbad kanonen och dog på betesmarken.

Såg ni den? Fågeln som flög i cirklar över kullen.
Det där kan inte gärna kallas för bergspass. Här ändrar sig
orden oupphörligen, minut för minut.
I norr kallar de det där för "bergskammar"
och fågeln kallar de för cocoihäger eller rörhöna.

33

Alzaga, som skulle bli handlare, apotekaren Arriola,
smeden från Cádiz, lektören av domar,
livdrabanten som blev stalldräng,
zigenaren som blivit artillerist,
harjägaren som blivit kapten,
rörmokaren i sin rustning,
som bar på fem, kanske fler, knivmord.
Sakristanen som klädde hundar i kläder.

Konst, här? För vem verkar det rimligt?
Varken ära eller imperium.
Till att skapa ruckel och byar i damspel.
Stearinljusrök och lukten av fett.
Och likväl, arméer.

34

Nåväl, det var er stund, säger jag i de minas namn.
De kom senare och luktade kroppsligt.
Jag säger det för min mormor som betraktar snöfallet 1918,
för Lucianas skull och för trojorna i det gamla Kastilien.
Ni har spritt ut kallbrand och vete, av en tillfällighet
fyllde ni en öken med kor.
Hela vitlökar:
all denna navigation i en köksträdgård.
En kontinent att skita och så i.
Ni gjorde det för Kastilien och Aragonien,
som förminskas till smör och utsmyckning.
Men stunden var eran.

Och likväl, arméer.

35

Den här jorden är inte mina dödas jord.
De dog under lönnmördares stövlar.
De föll under taggtrådsstänglet på tartarernas tid.
Försäljare av begagnade bilar och skaldjursätare
utgör i dag den ätt som ni erbjuder mig att välja.
Säg mig: Hur har några apotekskonspiratörer
kunnat ge mig glöden hos och minnet av en plog?
– och likväl, arméer –
Bröstharnesket, bröstplattan, ryggdelen,
svartnar fort, och ett fält av hårdingar och kvinnor
tynger över de sammansvurna.
Stenar som kastas, måttligt jämmer, frågan om ordenskapitel och hov.
Och senare,
arméer.

Där har ni till slut det guldiga och blå. Ett grönblekt ansikte
har lyst upp inför ett verkligt genis vapen.
Nu, om ni tillåter mig, lovsången.
Romantikerna har grävt fram Grekland.
Till slut, arméer.
På åsnerygg under begravningskondorens storslagenhet.

36

Det gråaktiga ljuset förföljde dem och de var inte omedvetna om
att upptäckten skulle komma, med
vapnen och fanan.

En lärd person lutade sig över landskapet.
Det här, mumlade han, kallas inte för Amerika.
Det här kallas för floden, den loppiga hunden.
Detta kallas för pådrivning och kraftigt ljus.
Det här kallas för pampas, galopito,
fålla, strävt vin, tonfisk.

Det här kallas för fängslande.
Vattnet från den lilla bäcken faller i den mosiga kloaken.
Här föddes jag. Där låg den gula fabriken.
Här, det där trädet, och där lagunen.
Jag hade en ål i en påse.
Jag hade ett skjul. Flygplanskulor från 1955.
Regnet från sydväst ibland från snedden.
Då blev panoramafönstren svarta.
I förorten andades en stilla Chevrolet
av och till, genom sin snuva.
Och en typ trädde fram ur skuggan
med en död mans leende.

37

Tillåt mig: jag glömde ingenting.
Men jag minns ingenting.
Jag kommer ihåg skymningen.
Husen med sina avträden.

Smala trådar av spindelväv eller av källare eller färg
eller av ljus från spikar eller av ordet barnbarn
eller av rosenbuskar eller ruttnande träd.
Eller av tunga droppar eller sol på ett fönsterbleck
eller från höns eller en blå kärrhök,

trådar av saker och ämnen
och av de sista vintertimmarna
vävde de någonting annat jag minns:
senor i tillfällig rörelse,
lungor i vilka orden ljuder.

38

Jag är den som lärde sig grammatik
för att kunna läsa flakongernas etiketter.
Jod, arnica, kvicksilver, bensen.
En man på lite över femtio i solen.

Döden var vårt yrke;
beslutet, den fogliga boken.

De kände till den där traditionen:
luncher vid marinministeriet,
meddelanden från Bombay,
en strid som ritas upp på bordsduken.
Pratstunden efter maten utan vare sig smulor eller fläckar.

Jag såg på de röda generalernas rynkiga ansikten
och insikten dök upp och försvann tillbaka in i deras inre.
Fronten mullrade som ett åskväder.
Långt borta. Långt borta från deras beslut.
Långt borta från de spända läpparna och medaljerna.
Och från krutets frusna syntax.

Deras ihärdighet trängde in i Guds arkitektur.
Men de kom inte ut oskadda därifrån.
Situationen fick dem att förlora sin självförståelse.
De vann kriget och förlorade städerna.
Erövringens konturer täcktes av bölder.

Bilar som har stannat framför högkvarteret.
Måsarna som orörligt svävar över den frusna floden.
Ordonnansen som smyger i sig sin pastejsmörgås.

39

Han har förlorat blickens blomma och sin förmögenhet.
En mestis med oskuldsfulla ögon och en alpackaväst
som står lutad mot sin käpp, inser sin hjälplöshet.
Sakernas framfart förde honom till kvarteret.
Mellan sina svärtade fingrar rör han på nycklar
"Jag har varit stenekdungens prins.
Jag rörde upp jord och guano, malar
livnär sig på mina bankkonton. Jag kom
i en blå Packard till Limas utkanter.

Det tutades i horn och jag dansade i lövsalen.
Jag såg på mina gula skor: de gör inga underverk.
Villrådig väntar jag till ingen nytta i garaget."

Han framträder värdig, i ett insmickrande ljus, mot bakgrund av sin
enkelhet.
Men i något ögonblick hade han en dröm,
en mening, ett syfte, en vindfläkt, en betydelse.

40

Iklädda ofelbara kriterier
slogs stridsvagnsförarna, gevärsskyttarna, de helgjutna
i själva verket om fantasin,
en tillblivelse från fjärran hav av omintetgjorda strävanden
under träningen, saft, substans
som gjorde allt det som kallades för Något
till en konkret fråga:
om begreppet Fosterland finns till så finns ett Fosterland,
om begreppet Gud finns till så finns Gud.

41

De dödade dem och dödade dem.
De måste känna till att den som förlorar livet
förlorar vilken innehållslös sak som helst,
sett från vilken älskad synvinkel som helst
som upprätthålls med en brasa av grenar
och med svärtor skrapade
från jaktutrustning.

Han förlorar varat, det nervösa slutet
där det som vill fatta eld
fattar eld: kanten på en mösskärm,
bården på en fåtölj, ett genomträngande skratt,
några rötters arbete på djupet av en trottoar.

42

Ja, tanken är helvetets centrum.
Kung i en bronsfärgad stad,
med skorpor av avfall längs gatorna.
En folkmassa och skrällen i rörelse, murknande urinoarer,
kyrkogårdar i oordning, vrål från dem som kastat sig ut från stup.

"Jag är den som lyses upp av flammornas ljus
och min energi kommer från den kvävda staden
och från rosslingarna mellan lakan som ingen byter".
"Det är Partiet som har smörjt mig, Civilrätten
och Baals vilja, enligt vilken de fallna krossas".
"Organisationen kring den första versen".

43

Hur behåller man greppet över havet?
I slutändan fyllt av svarta och handlare
tillintetgjort under sekler, en plats för segling, ingjuten i blod.
Ändå gnager tankarna på makt
tillsammans med förlusterna och skeppsbrotten.

Mitt kungarike har fallit på en ö av exkrement.
Jag har anlagt mitt torn och jag täckte svärdet
med torra tuvor, med fjädrar och inälvor.
Effektivt byggde jag upp ett observatorium.
Jag övervakar de cykliska rörelserna inom en radie på 20 stadier.

44

Befallningar från statens säkerhetstjänst:
att ge upp palmerna, en mullvad, fyra maravedier.
Dra sig tillbaka på befallning till Bok Fyra.
Resa ärans taknock.
Uthärda störtskuren. Täcka sig med iglar.
Pröva imperiets motståndskraft med lera upp till midjan.
Att ge romantiken sockerrörsinhägnaden
och vägarna som leder till bona och bönorna.
Dagen kommer inte att vara angiven. Det kommer inte att finnas tecken.
Överge inte marken, smärtans område.

45

Femte sammanfattningen: vi återvände till floden efter krabbor.
Soppa på kvällen och avhyvling på morgonen.
Total behärskning av motorvägen.

Två batterier över bron och matvaror.
Försäljning av möbler och matlagningsutrustning.
Konsekvenslösa intellektuella utläggningar.

"Min dag har varit till belåtenhet. Jag kontrollerar en viss region.
Jag somnar in med en förvissning. Jag vaknar klockan nio.
Jag har kaffe och smör.
Men jag måste gå ett steg längre, Watson.
Det är onödigt, helt och hållet fåfängt.
Jag hittar en rubbning i livet och lever den.
Jag borde kunna röka och gå i morgonrock
vid denna höjd inom egendomen, konstruktionen.
Det hörs, märk väl, inga ljud från vinden
och i London är diagrammen aktiva.
Kriget har alltid varit oss till hjälp.
Frenologin erbjuder oss tillräckliga utsikter".

46

"Ni ska undvika pressen. Skriv
när ni befinner er i stormens gas."
"Kom hit för pengarna, ni krigiska, ärorika,
med ert kranium i handen."
"Ni är ingenting, ingen."
"Ni ska inte vara det."
"Detta är den översvämmade stadions röst."
"Här höjer ni bucklan, spöken,
och porslinet i era tänder,
den passande synkroniseringen av era organismer,
detta upprepade under,
var en gåva som måste släckas."
"Ni använde det i mauserns hamrande
och i den smidiga förflyttningen över diken
och fält som plöjts upp av mörsare."
"Detta är, även om man inte skulle kunna tro det, soldatens ära."
"Inte ministeriernas snickarkonster
och inte heller salvorna mellan minnesmärken och trastars flykt."

De där ljusen där borta, bakom den där röken:
är det staden?
Är det velodromen det där,
gasbehållaren,
och det där, är det motorvägstrafikplatsen?

47

Sjätte sammanfattningen: En professor vid köksbordet
inför den rikliga gåva som ett fönster och svalkan utgör.
Senare, på gatan, när han fått stanna vid ett rödljus
ser han på trädet med mörk bark som försjunker i sin egen färg.
På ett sådant djup klingar spjuten,
stäppen rör sig mot Carhué.
Och inte nog med det, det finns trupper med askgråa mantlar
i det lätta snöfallet över träsken i ett barbariskt kungarike.
Och det är inte allt.

Detta kungarike var en vessla och flyktigt.
Balansen mellan gårdfarihandlaren och remington-geväret.
Det där trädet, som slukas av glömskan på ett ögonblick,
planterades inte här, det växte upp mellan sprickor och klosterkyrkor
för sig själv, på klippblock och långt från skogen längs en väg.
Men under denna och andra tider.
Och i dag stannade någon upp inför trädet.
Han visade prov på att ha läst att vi kanske är fångar i en knut av tid.
Och hur kan han veta det om han har förlorat det där trädet?

48

De mödosamma migrationerna, inte ligistgänget.
Horisonten, fylld av betesmarker.
De som kom ensamma, illegalt.
Deras ben som vitnar i träsken
eller de ögon med vilka de från avsatserna iakttar
de offentliga byggnaderna.

Sådär, imperiet bröts ned.
Inte på grund av hordens anfall:
på grund av sin egen strålglans
som drog till sig de landsförvisade,
skuggor från de ossuarier
som skapats av centurierna i barbarernas land.

Under arkaderna, bland cirkusens inälvor,
reste sig ovädersmolnet av sömn och mardröm
till statyerna och senaten.
Rom, Washington, Centraleuropa
föll, faller, dör bland avföring i en svinstia.

Även på så sätt, sakerna. Bläckfiskröda väggar.
Hörnet och persiennerna som dras upp
och faller med mekanisk regelbundenhet.
Almanackans dagar, lördagseftermiddagen.
Musiken som hörs på bakgården.
Typer med verktyg på taket.
Underhåll, väderleksrapporter, skor.
Kattens timme; apans timme;
midnatt: råttans timme.

49

Å, albigensernas torn vid ravinens avgrund.
Därifrån kommer fortfarande nådaskott som inte kommer att nå sitt mål.
Omgiven av målade öknar eller rökiga korridorer, dominerar
grått i hans ansikte, där man emellanåt kan se ett smaragdgrönt skimmer.

Han hälsar när han lämnar över den doftande tidningen, bladen
som kommer att vissna i badet.
Tidningsförsäljarens offergåva
som sanningen och dess hastiga upplösning.

50

Avsikten är mäktig. Varje gång som sanningen skymtar fram
mångfaldigas blomvaserna, ljusstakarna, festerna,
relativiteten hos bekvämligheten och de sorger som genomlidits
för familjen, ätten, rasen, partiet.
Attila kör i sin Porsche kors och tvärs genom stan som envisas med att låta
sig utplånas.
Han har klarat sig oskadd från den besegrades klagan och från ångern.
Den oupphörliga förstörelsens tillstånd är hans förvissning. Det finns inget
slut.
De andra kommer aldrig att dö helt och hållet och inte heller han eller hans
följe.
Han har läst tecknen i själva botten av stormen,
sekel efter sekel och massaker efter massaker.
Han har maktlös och ursinnig dragit sig tillbaka, för
ingenting i historien berodde på hans blodiga makt.
Maskinen hade fungerat i vilket fall som helst.
Bilen försvinner i motorvägens hålögda dimma.
Hans bedrifter utgör scener från en illa kopierad film.
Hans ansikte förfaller i den torftiga välmågan, flammar upp i skuggan.
Och det är inte hans, det är tidningsmördarens, spjuverns,
blomsterhandlarens eller den tillfälliga fotbollshjältens.